ISBN 3-219-11260-9
ISBN 978-3-219-11260-3
Alle Rechte vorbehalten
Umschlag, Illustrationen und Layout von Verena Ballhaus
Gesetzt nach der neuen Rechtschreibung
Copyright © 2006 by Annette Betz Verlag
im Verlag Carl Ueberreuter, Wien – München
Printed in Austria
1 3 5 7 6 4 2

Annette Betz im Internet: www.annettebetz.com

Dagmar H. Mueller

Herbst im Kopf

Meine Oma Anni hat Alzheimer

Mit Illustrationen von Verena Ballhaus

ANNETTE BETZ

Ich bin Paula … und das ist meine Oma Anni.

Ich hab meine Oma Anni sehr lieb. Auch wenn sie nicht ganz so ist wie die anderen Omas, die ich kenne.
Oma Anni wohnt bei uns im Haus. Also bei mir und meiner Mama und meinem Papa. Oben im Dachgeschoss wohnt sie. Da hat Papa ihr extra ein Zimmer gebaut, weil sie zu alt wurde, um allein in ihrer Wohnung zu leben. Und auch, weil sie langsam – je älter sie wird – immer noch ein Stückchen mehr anders als die anderen wird. Deswegen braucht sie uns jetzt, hat Papa gesagt.

Alois Alzheimer

Dass meine Oma Anni nicht so ist wie die meisten anderen Omas, das liegt daran, dass sie krank ist. Sie hat eine Krankheit, die nennt man Alzheimer. Ich finde, das ist ein komisches Wort, aber die Krankheit heißt so, weil ein Herr Alois Alzheimer die mal entdeckt hat. Und da hat er ihr einfach seinen eigenen Namen gegeben.

Ich finde es gut, dass dieser Herr Alzheimer diese Krankheit entdeckt hat. Denn jetzt weiß ich wenigstens, was ich dem doofen Moritz aus dem Nebenhaus sagen kann, wenn er wieder mal behauptet, dass meine Oma bloß verrückt ist.
Das ist sie nämlich nicht! Kein bisschen! Na ja, auch wenn sie manchmal ganz schön merkwürdige Sachen macht. Aber eine Krankheit zu haben hat gar nichts mit Verrücktsein zu tun. Und genau das sag ich dem Moritz auch!

Gestern war meine Freundin Sinja bei uns zu Besuch. Sinja hat keine Oma, die nicht ganz so ist wie andere Omas. Sinja hat überhaupt keine Oma. Das finde ich sehr schade. Und Sinja findet das auch.

Als es klingelte, lief Oma Anni ganz erschrocken in den Flur und fragte: »Wer kommt denn da? Ist das vielleicht Richard?«
Richard hieß mein Opa, also der Mann von Oma Anni. Aber Opa Richard ist schon lange, lange tot. Also konnte er es natürlich nicht sein.
»Nein, Omi«, sagte ich, »das ist meine Freundin Sinja. Sie besucht mich heute.«
»Soso, ach, ach, wie schön«, sagte meine Oma Anni und lächelte und nickte mit dem Kopf.

Bevor wir in mein Zimmer spielen gingen, streckte Sinja ihren Kopf zu Oma Anni ins Zimmer, weil sie mal sehen wollte, wie Omas so aussehen, wenn sie nicht ganz so wie andere Omas sind. Doch meine Oma Anni sieht genauso aus, wie Omas aussehen sollten. Lieb eben. Diese Krankheit Alzheimer, die kann man nämlich nicht sehen. Also, man kriegt keine roten Punkte im Gesicht wie bei Windpocken. Und man muss auch nicht im Bett liegen und schwitzen und heißen Fliederbeerensaft trinken wie bei einer Erkältung.

Nein, meine Oma Anni sitzt meistens ganz fröhlich auf ihrem kleinen roten Sofa und schaut gemütlich aus dem Fenster und beobachtet die Leute draußen. Oder sie arbeitet ein bisschen in unserem Garten. Das macht sie gern. Und Mama ist froh, dass wir endlich jemanden haben, der sich um unsere Blumenbeete kümmert.

Aber krank ist Oma Anni trotzdem.

Dass meine Oma Anni krank ist, merkt man an vielen Dingen. Hauptsächlich daran, dass sie alles vergisst.
Sie vergisst zum Beispiel, wie man Kaffee kocht. Jedenfalls weiß sie nicht mehr, wo sie das Wasser einfüllen soll, wenn sie vor der Kaffeemaschine steht. Sie weiß aber noch, wie man Kaffee mit einem Filter über der Tasse mit der Hand aufbrüht, so wie sie das früher vor fünfzig Jahren gemacht hat. Das finde ich komisch.

Sie vergisst auch immer wieder, welche Knöpfe man an unserer Waschmaschine drücken muss, damit die unsere Wäsche richtig wäscht. Obwohl Mama ihr das schon oft erklärt hat. Sie weiß aber noch, wie man Wäsche mit der Hand wäscht, und sie weiß auch ganz genau, wie viel Waschpulver man dafür ins Waschbecken tun muss. Das finde ich auch komisch.

Meiner Oma Anni fallen auch oft bestimmte Wörter nicht mehr ein. Oder sie vergisst die Namen von Leuten, die sie eigentlich gut kennt. Und was man ihr erzählt, hat sie nach zehn Minuten auch wieder vergessen.

Oft weiß sie sogar nicht mehr, welchen Beruf sie früher mal hatte. Oma Anni war nämlich Lehrerin. Deshalb ist sie ganz sicher alles andere als dumm.

Diese Krankheit hat also gar nichts mit Dummsein zu tun. Trotzdem ist es merkwürdig, dass meine Oma Anni viele Sachen, die ganz einfach sind, nicht mehr versteht oder eben wieder vergisst. Und andere Sachen, die schon schrecklich lange her sind, an die erinnert sie sich wunderbar. Zum Beispiel was sie als Kind gemacht hat. Davon erzählt sie mir viel. Und sie weiß auch noch ganz genau, in welchem Haus sie und ihre Eltern gewohnt haben und was die Lieblingsblumen ihrer Mama waren.

Aber welche Blumen meine Mama heute Morgen gekauft hat, das weiß sie nicht mehr. Nicht mal, dass sie mit Mama einkaufen war, weiß sie. Jedes Mal, wenn Oma Anni in unser Wohnzimmer kommt, ist sie überrascht, dass Blumen dastehen.

»Na so was, frische Blumen!«, sagt sie und schlägt die Hände zusammen. »Wie schön! Wer hat die denn gekauft?«

Mama hat mir das aber neulich mal erklärt. »Stell dir vor«, sagte sie, »Oma Annis ganzes langes Leben wäre ein großer Baum!«

Und genau das habe ich getan. Ich habe mit Mama auf einem großen Papier einen langen Baumstamm für Oma Annis Leben gemalt. Ganz unten über der Erde, wo der Baum gerade erst anfängt, haben wir die Zweige und Blätter gemalt, die gewachsen sind, als Oma Anni ein Kind war. Mama hat »Schule« und »Ferien am Meer« auf die einzelnen Blätter geschrieben und eben so Dinge, die Oma Anni als Kind gemacht hat.

Dann, etwas weiter oben, haben wir auf die Blätter die Dinge geschrieben, die Oma Anni gemacht hat, als sie schon etwas älter war. »Universität«, hat Mama auf ein dickes Blatt geschrieben und ich habe ein großes Haus daneben gemalt, damit man sehen kann, dass es eine wichtige Zeit für Oma Anni war.

Und noch etwas weiter oben haben wir Opa Richard und eine Hochzeit auf ein Blatt gemalt und auf das nächste meine Mama als Baby. Und danach all die Menschen und Sachen, die für Oma Annis Leben wichtig waren. So haben wir den Baum immer weiter gemalt. So lange, bis wir ganz oben angekommen sind, wo wir auf das letzte Blatt Oma Anni in ihrem kleinen Dachzimmer bei uns im Haus gemalt haben. Der Baum sah toll aus!

Aber als Mama und ich fertig waren, verstand ich noch immer nicht, warum Oma Anni so viele Dinge noch weiß, die schrecklich lange her sind, aber die Dinge, die gerade eben passiert sind, sofort wieder vergisst.

»Genau das macht eben die Krankheit Alzheimer«, sagte meine Mama. »Sie macht, dass bei Oma Anni im Kopf langsam die Erinnerungen an ihr Leben verloren gehen.«

»Stell dir das so vor«, sagte meine Mama, »bei Oma Anni ist jetzt Herbst im Kopf. Von ihrem Lebensbaum fallen die Blätter ab. Von Monat zu Monat mehr.«

»Aber sie fallen nicht überall gleichzeitig ab, sondern als Erstes fallen die obersten ab. Und dann erst die, die darunter hängen. Und immer weiter so«, sagte meine Mama. »Am festesten sitzen die Blätter, die schon am längsten am Baum hängen. Also die von ganz unten.«

Ich schaute auf den Baum, den wir gemalt hatten. »Deshalb weiß sie noch so viele Dinge, die passiert sind, als sie jünger war?«, fragte ich.

»So ist es«, nickte meine Mama. »Der Herbst in Oma Annis Kopf fegt erst die Erinnerungen weg, die am wenigsten lange her sind.«

»Und deshalb weiß sie manchmal nicht mehr, was wir ihr fünf Minuten vorher erzählt haben?«, fragte ich.

Meine Mama nickte.

Nachdem Sinja und ich gestern gespielt hatten, gingen wir zu meiner Oma Anni hoch. Und es war genau so, wie ich gesagt habe.

»Oh, sieh an, wer besucht uns denn da heute?«, fragte Oma Anni freundlich. Sie hatte wieder total vergessen, dass sie Sinja schon vor einer Stunde begrüßt hatte.

»Das ist meine Freundin Sinja«, sagte ich.

»Soso, wie schön«, sagte Oma Anni und gab Sinja noch mal die Hand.

Sinja kicherte.

Da schaute meine Oma Anni nicht mehr freundlich. Sie mag es nicht, wenn wir flüstern. Weil sie dann nämlich denkt, dass wir über sie reden. Und das tun wir oft ja auch. Wenn wir über sie reden, merkt sie aber, dass mit ihr etwas nicht stimmt. Und das macht sie traurig. Oder wütend. Auf diese dumme Krankheit. Und oft ärgert sich Oma Anni auch über sich selber, weil sie nicht mehr alles versteht, was um sie herum passiert. Und das macht sie dann richtig verzweifelt. Das hat mir meine Mama erklärt.

»Wer ist das da?«, fragte Oma Anni in strengem Ton. Dabei zeigte mit dem Finger auf Sinja und schaute ziemlich böse.

Sinja war richtig erschrocken. Sie weiß ja nicht, dass Oma Anni nicht böse auf sie ist, sondern eigentlich nur böse ist auf ihre Krankheit.

»Das ist meine Freundin Sinja«, sagte ich ganz ruhig und lächelte und tat so, als würde ich das zum ersten Mal sagen, damit Oma Anni nicht noch mehr merkte, dass irgendwas mit ihr nicht ganz stimmt.

In solchen Momenten tut meine Oma Anni mir sehr Leid. Es muss schrecklich sein, sich an nichts und niemanden richtig erinnern zu können! Obwohl man das doch so gern möchte! Da muss man sich fühlen, als ob man plötzlich mitten auf dem Mond ausgesetzt worden wäre. So fremd muss meiner Oma Anni manchmal alles vorkommen! Weil sie sich an manchen Tagen sogar an mich und Mama und Papa gar nicht mehr erinnert. Und dann fühlt sie sich natürlich sehr einsam.
Aber meine Oma Anni kann niemand mehr zurückholen, sagt meine Mama. Niemand kann den Herbst in Oma Annis Kopf aufhalten. Wir können nur versuchen, Oma Anni immer wieder zu zeigen, dass sie nicht auf einem einsamen Mond lebt, sondern bei Menschen, die sie gern haben.

Deshalb ging ich sofort zu Oma Anni hin und setzte mich neben sie aufs Sofa und legte meinen Arm um sie und gab ihr einen Kuss und sagte ihr, dass ich sie ganz schrecklich lieb habe und dass sie die beste Oma auf der Welt ist.
Das beruhigte sie und sie schaute auch nicht mehr böse.
»Soso, na ja«, sagte meine Oma Anni und kuschelte sich an mich.

Später beim Abendessen wollte Sinja mal zeigen, dass sie sich schon richtig gut benehmen kann. Und das tat Sinja auch. Es fiel ihr nur zweimal ein winzig kleines Stück Rote Beete von der Gabel auf den Teppich. Und sie popelte auch nicht in der Nase.
»Du kannst aber schon prima mit Messer und Gabel umgehen!«, sagte meine Mama bewundernd. Und Sinja lächelte stolz.
Genau da tropfte meiner Oma Anni die Suppe aus dem Mundwinkel. Das schien sie aber gar nicht zu stören. Sie ließ es immer weiter tropfen. Erst als Sinja kicherte, schaute sie erschrocken auf.
»Was ist denn?«, fragte meine Oma Anni.
»Nichts«, sagte meine Mama und legte beruhigend ihre Hand auf Oma Annis Arm.
Da hörte Sinja auf zu kichern und Oma Anni aß weiter.
Es ist nämlich auch so, dass sie manchmal einfach vergisst, wie man sich am Tisch zu benehmen hat. Obwohl sie es doch selber war, die Mama früher all die guten Manieren beigebracht hat.
Aber so ist es, bei dieser Alzheimer-Krankheit. Der Herbst im Kopf bläst wirklich eine Menge Dinge weg.

Als Sinja abends wieder von ihrer Mama abgeholt worden war, ging ich noch zu Oma Anni hoch. Das mache ich oft abends. Oma Anni weiß zwar nicht immer, wer ich bin, aber sie freut sich, wenn jemand vor dem Schlafengehen noch mal zu ihr reinschaut.

Oma Anni stand neben ihrem Bett und hatte sich ihre Bluse schon ausgezogen, denn die lag auf einem Stuhl. Sie sah sehr nachdenklich aus. Sie schaute auf ihre Bluse, dann an sich herunter, dann wieder auf ihre Bluse und sah aus, als ob sie ziemlich angestrengt überlegte.

Oft weiß meine Oma Anni nämlich nicht mehr, ob sie sich anziehen soll, weil es gerade morgens ist, oder ob sie sich ausziehen soll, weil es abends ist.

»Wollen wir uns vor dem Schlafengehen noch ein Bilderbuch zusammen anschauen?«, fragte ich freundlich.

»Schlafengehen? Ja, ja, genau«, sagte Oma Anni und war wohl froh, dass ich sie unauffällig daran erinnert hatte, dass sie sich ausziehen und nicht etwa anziehen sollte.

Ich hüpfte schon mal auf ihr Bett und wartete, bis sie fertig war.

Manchmal denke ich, dass es doof ist, dass die Leute so wenig Zeit haben. Denn sonst wären sie wohl nicht so ungeduldig mit Leuten wie meiner Oma Anni, die für jedes Kleidungsstück fünf Minuten braucht und der man immer wieder zeigen muss, wie die Kaffeemaschine funktioniert, und die sich einfach nicht an das erinnern kann, was man ihr vor fünf Minuten erzählt hat. Dass sie dafür aber viele andere Dinge noch sehr gut kann, das sehen die Leute nicht.
Vielleicht vergessen die Leute auch, dass es ihnen irgendwann selber mal so gehen könnte. Denn diese Krankheit Alzheimer, die kann jeder kriegen, wenn er alt ist. Auch der doofe Moritz von nebenan.

Bilderbücher anschauen zum Beispiel kann man mit keinem auf der ganzen Welt so gut wie mit meiner Oma Anni! Sie drängelt nämlich nie zur nächsten Seite, so wie Papa das oft tut. Nein, Oma Anni schaut und schaut und hat alle Zeit der Welt.
»Schau mal, Omi«, sage ich, »diese Hundebabys hier, sind die nicht schön?«
»Ach ja, die sind wirklich schön!«, sagt Oma Anni und drückt mich ganz fest, während wir in ihrem Bett in Büchern blättern.
O ja, ich habe meine Oma Anni sehr, sehr lieb!